Die Autoren

François Sarano ist Ozeanologe, Berufstaucher und Projektleiter an Bord der *Calypso*.
Er ist Vorsitzender und Gründer der Meeresschutzvereinigung *Longitude 181 Nature*.
Bei dem Film *Unsere Ozeane* war er als Koautor, Taucher und wissenschaftlicher Berater tätig.

Stéphane Durand ist Biologe, Ornithologe und Wissenschaftsjournalist. Er arbeitete erstmals
bei den Dreharbeiten zu *Nomaden der Lüfte* mit Jacques Perrin und Jacques Cluzaud zusammen.
Seit 1997 ist er ihr wissenschaftlicher Berater und Koautor ihrer Naturfilme.

Bibliografische Information Der Deutschen Bibliothek
Die Deutsche Bibliothek verzeichnet diese Publikation in der Deutschen Nationalbibliografie;
detaillierte bibliografische Daten sind im Internet unter http://dnb.ddb.de abrufbar.

Titel der Originalausgabe: *Le peuple d'océans*
Erschienen bei Éditions du Seuil / Seuil Jeunesse, Paris 2009
Copyright © 2009 Éditions du Seuil, Paris, Frankreich
Copyright © 2009 Galatée Films, Frankreich

Deutsche Erstausgabe
Copyright © 2009 von dem Knesebeck GmbH & Co. Verlag KG, München
Ein Unternehmen der La Martinière Groupe

Gestaltung: Isabelle Southgate
Umschlaggestaltung: Gudrun Bürgin
Lektorat und Satz: VerlagsService Dr. Helmut Neuberger & Karl Schaumann GmbH, München
Druck: Pollina, Luçon
Printed in France

ISBN 978-3-86873-142-2

www.knesebeck-verlag.de

Fotonachweis: S. 8/9: Richard Hermann, Pascal Kobeh, François Sarano und Fotogramm • S. 10/11: Yann Gladu, Pascal Kobeh und Roberto Rinaldi • S. 12/13: Yann Gladu, Pascal Kobeh und Hideki Abe • S. 14/15 und Umschlag vorne: Pascal Kobeh und Stéphane Durand • S. 16/17: Richard Herrmann, Hideki Abe und Koji Nakamura • S. 18/19: Pascal Kobeh und Fotogramm S. 20/21 und Umschlag vorne: Pascal Kobeh, Roberto Rinaldi und Richard Herrmann • S. 22/23: Pascal Kobeh • S. 24/25: Pascal Kobeh und Richard Herrmann • S. 26/27: Roberto Rinaldi und Pascal Kobeh • S. 28/29 und Umschlag vorne: Roberto Rinaldi und François Sarano • S. 30/31: Richard Herrmann • S. 32/33: Richard Herrmann, Pascal Kobeh und François Sarano • S. 34/35: François Sarano und Pascal Kobeh • S. 36/37: Richard Herrmann und Pascal Kobeh • S. 38/39 und Umschlag hinten: Pascal Kobeh und Mathieu Simonet • S. 40/41: Richard Herrmann, David Reichert, Igor Bely, Johann Mousseau und Stéphane Durand • S. 42/43: Katell Pierre, Igor Bely, Stéphane Durand und Fotogramm • S. 44/45 und Umschlag vorne: Stéphane Durand und Igor Bely • S. 46/47 und Umschlag hinten: Stéphane Durand und Pascal Kobeh • S. 48/49: Stéphane Durand und Pascal Kobeh • S. 50/51: François Sarano, Mathieu Simonet und Fotogramm • S. 52: Pascal Kobeh • Vorsätze: Pascal Kobeh (vorne) und Richard Herrmann (hinten)

Farbkalibrierung der Fotos: Loïc Simon

Bildlegenden: Vorsatz (vorne) / Napoleonfisch in einem Korallenriff, das auch von einigen Fahnenbarschen bewohnt wird – Rotes Meer • S. 52–53 / Junger Seeelefant am Strand der Insel Guadalupe, nahe der mexikanischen Küste • Vorsatz (hinten) / Engelfisch vor der mexikanischen Küste in einen Schwarm von Barrakudas

FRANÇOIS SARANO & STÉPHANE DURAND

DIE HERREN DER MEERE

Nach dem Film *Unsere Ozeane* von Jacques Perrin und Jacques Cluzaud

Aus dem Französischen von Werner Kügler

Inhalt

Bei den Größen- und Gewichtangaben zu den einzelnen Tierarten handelt es sich um Maximalwerte. Die Angaben erfolgen ohne Gewähr.

Der Planet der
Ozeane

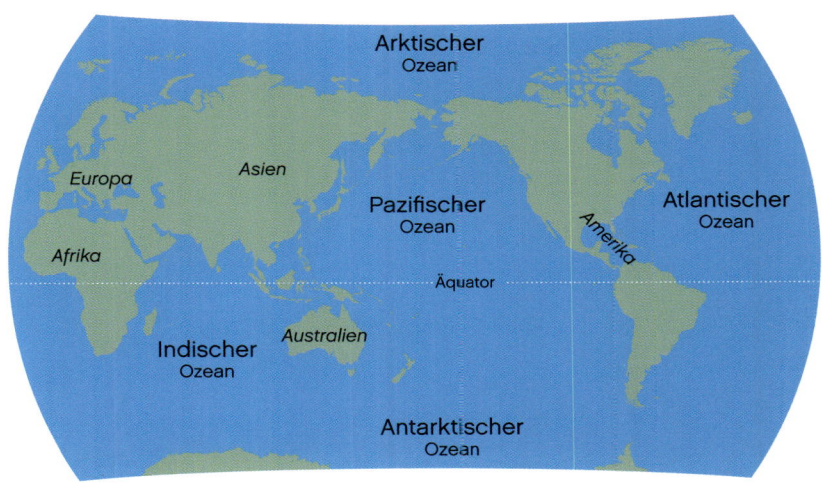

70 Prozent der Erdoberfläche, das sind etwa 361 Millionen Quadratkilometer, sind von Wasser bedeckt.
Das Meer ist der größte natürliche Lebensraum unseres Planeten – aber auch der am wenigsten erforschte.
Etwa 250 000 verschiedene Meerestierarten kennt man bisher, und jeden Tag stoßen
Biologen auf neue. Schätzungen zufolge existieren in den Ozeanen Millionen unbekannter Tierarten.
Ein Großteil dieser nie gesehenen Lebewesen existiert wahrscheinlich im völligen Dunkel unerforschter Tiefen.
Wir kennen nur einen Bruchteil der Ozeane und wissen noch sehr wenig über das Meer und seine Bewohner.

Während der vierjährigen Dreharbeiten zu *Unsere Ozeane* sind unsere Filmteams von der Arktis
bis zur Antarktis über sämtliche Weltmeere gefahren, um Tierarten dort zu beobachten, wo sie
»zu Hause« sind. Dabei konnten wir überraschende Einzelheiten der Lebensgewohnheiten
der Meeresbewohner aufzeichnen. Das Verhalten der Tiere, ihre Beziehungen zu Artgenossen
und zu anderen Tierarten waren oft völlig anders, als wir es als Wissenschaftler erwartet hätten.
Beispielsweise konnten wir Buckelwale beobachten, die in der Gruppe auf Heringsjagd gingen
(S. 28–29), wir konnten eine Schwertwalfamilie beim »Jagen auf dem Trockenen« bewundern (S. 34–35) und
wir lernten, die Stimmungslage des Weißen Hais an der Stellung seiner Flossen zu erkennen (S. 18–19).

In diesem Buch werden, stellvertretend für alle Meeresbewohner, etwa 20 verschiedene Tiere
vorgestellt, manchmal zeigen wir typische Bewegungen der Tiere in einer Fotosequenz. Es gibt ungeheuer
viele Lebensformen im Meer, und natürlich hätten wir noch viele andere Tierarten beschreiben können.
Eigentlich wäre aber für jede einzelne Art ein eigenes Buch erforderlich gewesen.

Und nun geht es los – durch die Lüfte, über die Strände und bis in die Tiefen des Meeres! Lernen wir die
Herren der Meere kennen, tauchen wir ein in ihre Welt voll wilder Schönheit, Anmut und Überraschungen!

DER ROTE THUNFISCH

Von allen Thunfischarten beeindruckt der Rote Thunfisch durch seine Stärke und Schnellig- keit am meisten. Auf weiten Wanderungen zwischen ihren Fortpflanzungsgebieten und Nahrungsgründen legen diese Fische Jahr für Jahr viele Tausende von Kilometern zurück.

Größe: 4,50 m
Gewicht: 680 kg
Lebenserwartung:
30–40 Jahre

Ein warmblütiger Jäger

Der »Rote Thun« verdankt seinen Namen der dunkelroten Farbe seines Fleisches. Ein gut entwickeltes Gefäßsystem versorgt seine Muskeln mit Blut, wodurch seine Körpertemperatur jeweils 10 Grad Celsius über der jeweiligen Wassertemperatur liegt. Somit kann der kräftige Räuber seine Beute auch in kalte Tiefen verfolgen, ohne zu erstarren. Als Nahrung dienen ihm alle möglichen Fischarten (Sardinen, Makrelen, Stöcker), aber auch Kalmare und Krill.

Ein Meeresvagabund

Dank seines stromlinienförmigen Körpers und der in Hauttaschen einziehbaren Rücken- und Brustflossen gleitet der Thunfisch schnell und ohne Wirbel zu erzeugen durch das Wasser. Da sich Thunfische in Schwärmen fortbewegen, profitiert jeder Einzelne vom Strömungsverhalten der Gruppe. Im Schwarm kann der Rote Thunfisch Spitzengeschwindigkeiten von 50 Stundenkilometern erreichen. Auf langen Wanderungen bewegt er sich allerdings nur mit Geschwindigkeiten von etwa zehn Stundenkilometern fort.

Die Entwicklung eines Herrschers

Aus dem Nordostatlantik, wo er auf Nahrungssuche geht, kehrt der Rote Thun jedes Jahr in die lauen Gewässer des Mittelmeers zur Fortpflanzung zurück. Die Weibchen setzen Tausende von Eiern ab. Der Nachwuchs nistet in dem im Wasser treibenden Plankton und ernährt sich von kleinen Krebstieren. Junge Thunfische werden oft zur Beute von kleinen Quallen, bevor sich die Überlebenden zu »Herren des Meeres« entwickeln.

Vorsicht, Sushi!

Das Fleisch des Roten Thunfischs wird besonders in der japanischen Küche sehr geschätzt und findet als kostbare Sushi-Zutat sogar roh Verwendung. Da die Fischer nicht bereit sind, die Fangmengen zu verringern, erreichen heute viele Thunfische nicht mehr ihr Fortpflanzungsalter von vier Jahren. Aufgrund dieser Überfischung sind die Thunfischbestände des Mittelmeeres stark gefährdet.

DIE VERWANDTEN

WEISSER THUNFISCH
Größe: 1,40 m **Gewicht:** 60 kg

SCHWERTFISCH
Größe: 4,50 m **Gewicht:** 650 kg

SEGELFISCH
Größe: 3 m **Gewicht:** 120 kg

GESTREIFTER BONITO
Größe: 1 m **Gewicht:** 11 kg

Viele glauben, alle Fische seien perfekt stromlinienförmig gebaut und könnten so hervorragend schwimmen wie etwa der Thunfisch, der Schwertfisch und der Hai. Doch das stimmt überhaupt nicht. Manche Fische sind miserable Schwimmer!

DER GROSSE FETZENFISCH

Größe: 45 cm

Ein seltsames Wesen

Das Seepferdchen verdankt seinen Namen einem griechischen Fabelwesen, das der Sage nach halb Fisch, halb Pferd gewesen sein soll. Weltweit gibt es etwa 50 Arten von Seepferdchen. Diese eigenartige Fischart besitzt keine Schuppen, sondern schützt seinen Körper mit äußerst widerstandsfähigen Hautplatten, einer Art Panzerung. Das skurrile Tier hält sich meist aufrecht im Wasser, fortbewegen kann es sich »hoppelnd« und sehr langsam mithilfe seiner beiden kleinen Brustflossen und seiner Rückenflosse.

Ein trächtiger Vater

Auch die Fortpflanzung ist bei diesen Wassertieren ungewöhnlich, denn das Männchen trägt die Eier aus. Nach der Befruchtung legt das Weibchen etwa 200 Eier in der Bauchtasche des Männchens ab. Rund acht Wochen später schlüpfen die jungen Seepferdchen.

Ein vielblättriger Drache

Der Große Fetzenfisch lebt in den gemäßigt kalten und nicht besonders tiefen Gewässern Südaustraliens. Die meiste Zeit schwebt er nahezu bewegungslos zwischen den Algen und lässt sich wie eine schwimmende Pflanze von der Strömung treiben – Schwimmen ist nicht seine Stärke.

Tarnkleidung

Ohne seine perfekte Tarnung wäre der Große Fetzenfisch eine leichte Beute und ein armseliger Räuber: Eine Vielzahl blattförmiger Auswüchse verleiht ihm das Aussehen einer im Wasser schwebenden Alge. Fressfeinde und Beutetiere können das gut getarnte Seepferdchen nicht erkennen, da es genauso gefärbt ist wie die Pflanzen seiner Umgebung. Sein Angriff erfolgt blitzschnell. An seinem Maul vorbeischwimmender Fischlaich oder unvorsichtige Garnelen werden in Sekundenschnelle angesaugt und verschlungen.

... und andere Fische, »die nicht schwimmen können«

DER SKORPIONFISCH

Größe: 40 cm

Seine schwachen Schwimmleistungen macht dieser Fisch durch andere Besonderheiten wieder wett: eine farblich perfekte Tarnung und die Fähigkeit, stundenlang völlig bewegungslos auf Beute zu lauern. Nahezu unsichtbar wartet er geduldig auf kleine Fische, Garnelen und Weichtiere. Mit den Stachelfortsätzen seiner Rückenflosse kann er vorbeiziehenden Beutetieren ein betäubendes Gift einspritzen.

DIE BRAUNSTREIFENGRUNDEL

Größe: 9 cm

Dieser Fisch könnte einem Fressfeind nie entfliehen. Um sich vor Gefahren zu schützen, benutzt er den von der Bulldozergarnele gegrabenen Bau. Die beiden Gefährten verharren unbeweglich vor seinem Eingang. Da die blinde Garnele ihre Antennen auf den Rücken des Fisches gelegt hat, erfährt sie durch ihn, ob sich ein Räuber nähert.

DER IGELFISCH

Größe: 30 cm

Um nicht gefressen zu werden, hat der Igelfisch eine sehr ausgefallene Schutztechnik entwickelt: Bei Gefahr pumpt er sich schlagartig mit Wasser voll, wodurch er einer mit Giftstacheln übersäten Kugel ähnelt. Stromlinienförmig ist er nun zwar nicht mehr, aber niemand wagt es, eine derart imposante Erscheinung so einfach zu verschlingen.

Zwei Gemütszustände des Igelfischs: ruhig (links) – aufgeregt (rechts)

DIE AUSTRALISCHE RIESENSEPIA

Wie der Krake und der Kalmar ist auch die Sepia ein Kopffüßer. In den Meeren der Welt gibt es etwa hundert Sepiaarten. Die bei Weitem größte ist die Australische Riesensepia.

Größe: 1 m
Gewicht: 3–5 kg
Lebenserwartung: 2–3 Jahre

Zeichensprache ... mit den Füßen

Anstelle von Füßen hat die Sepia zehn Fangarme, die einen kräftigen, hornartigen Schnabel umgeben. Sie dienen dem Fang von Beutetieren (Krebsen, Garnelen, kleinen Fischen) sowie der Verständigung. Die Sepia verändert je nach Bedarf Lage, Form und Länge jedes einzelnen Arms und entwickelt dadurch eine regelrechte Zeichensprache.

Ein Weichtier mit Düsentriebwerk

Die Sepia verfügt über ein hoch entwickeltes Antriebssystem. Der Bewegungsapparat arbeitet über ein röhrenförmiges Organ, durch das die Sepia eingesaugtes Wasser wieder ausstoßen und sich nach dem Rückstoßprinzip fortbewegen kann. Wenn sie sich bedroht fühlt, stößt sie durch diese Röhre schwarze Tinte (Sepia) aus. Damit erzeugt sie eine das Wasser trübende Wolke, in deren Schutz sie ihrem Feind entfliehen kann.

Die Königin des Maskenballs

Die Sepia signalisiert über Farben und Muster auf ihrer Haut ihre Gefühle – ein ideales Mittel, dem Umfeld die eigenen Gemütszustände mitzuteilen. Dank ihrer blitzschnellen »Verkleidungskunst« gelingt es der Sepia, Weibchen zu erobern, Rivalen zu verscheuchen und sich geschickt zu tarnen. Ihr Gehirn kann in Echtzeit beachtliche Informationsmengen verarbeiten und ist damit dem Gehirn aller anderen Weichtiere weit überlegen.

Das große Männchen

Das Männchen ist im Allgemeinen größer als das Weibchen und hat auch längere Fangarme. Der Körper und die äußeren Arme sind mit wogenden Schleiern versehen, die männlichen Tieren ein imposantes und somit verführerisches Aussehen verleihen.

Waisen von Geburt an

Das Weibchen legt von April bis Juli mehrere Hundert Eier und heftet sie unter Felsüberhängen an. Drei bis fünf Monate später schlüpfen die Jungtiere. Sie kommen als Waisen zur Welt, da die erwachsenen Tiere meist schon kurz nach der Paarung und dem Laichen sterben.

Rundumblick

Die Sepia ist farbenblind, und ihre Pupille ist W-förmig – ihre mit doppeltem Brennpunkt versehene Netzhaut ermöglicht es ihr aber, gleichzeitig nach vorne und nach hinten zu sehen.

DIE VERWANDTEN

Kopffüßer sind Weichtiere besonderer Art: Sie haben keine Schale, anstelle von Füßen besitzen sie eine Anzahl von Fangarmen, die das Maul umgeben. Kraken haben acht solcher Arme, Sepien und Kalmare zehn.

LÖCHERKRAKE
Größe: 2 m **Gewicht:** 10 kg

KALMAR
Größe: 25 cm

NEUKALEDONISCHE SEPIA
Größe: 35 cm

DIE RIESENSEESPINNE

Die Riesenseespinne ist eigentlich ein Krebs. Seinen Namen verdankt er den langen Beinen, die ihm das Aussehen einer großen Spinne verleihen. Sein Lebensraum ist die Südküste Australiens.

Größe:
Panzer: 15 cm

Gesamtlänge: 70 cm

Lebenserwartung:
unbekannt

Eine einsame Riesin

Die Riesenseespinne ist eine der größten bekannten Seespinnen, aber trotz ihrer respektablen Größe weiß man von ihrem Verhalten recht wenig. Sie lebt als Einzelgängerin auf sandigen Böden – von seichten Gewässern bis in Tiefen von 800 Metern.

Massenversammlung

Wenn es Herbst wird, veranstalten die Seespinnen einen großen Umzug. Sie verlassen ihre jeweiligen Wohnstätten, pilgern ins Oberflächenwasser und versammeln sich dort in unüberschaubaren Scharen. Diese Massenversammlungen sind spektakulär: Auf Flächen von der Größe eines Fußballfeldes übereinandergeschichtet bilden die Krebse einen Teppich von mehr als einem Meter Dicke!

Zusammen ist man stark

Für dieses Verhalten gibt es einen ganz einfachen Grund: Die Krebse häuten sich lieber gemeinsam als jeder für sich allein. Denn wenn sie ihren zu klein gewordenen Panzer abstreifen, sind sie für einige Zeit

DIE VERWANDTEN

Alle Krebstiere haben ein äußeres Skelett: ihren Panzer. Da sie niemals aufhören zu wachsen, wird es ihnen darin regelmäßig zu eng, und sie müssen den Panzer abstreifen, um einen neuen hervorzubringen. Eine Ausnahme ist hier der Einsiedlerkrebs, der stets »nackt« in einem leeren Schneckenhaus lebt.

GROSSER BÄRENKREBS
Größe: 30 cm

EINSIEDLERKREBS
Größe: 5–7 cm

SCHWAMMKRABBE
Größe: 20 cm

GLATTZANGEN-GEISTERKRABBE
Größe: 5 cm

schutzlos den Angriffen von Fressfeinden ausgesetzt. Wenn die »dünnhäutigen« Krebse aber zu Millionen übereinander geschichtet auf dem Grund liegen, ist für das Individuum das Risiko, gefressen zu werden, wesentlich geringer. Sie nutzen das panzerlose Zusammensein auch, um sich fortzupflanzen. Sobald der neue Panzer nach einigen Tagen ausgehärtet ist, kehren die Tiere an ihre alten Wohnstätten zurück.

Alte Panzer haufenweise

Wenn die Herbststürme einsetzen, werden oft Tausende von abgestreiften Krebspanzern an den australischen Stränden angeschwemmt. Manchmal werden auch die »nackten« Seespinnen selbst an den Strand gespült, wo sie an der heißen Sonne vertrocknen. Ohne ihren schweren Panzer können sie sich mit ihren schwachen Muskeln nicht in der Tiefe des Meeres halten. Der größte Feind der Seespinnen jedoch ist die Muschelfischerei: die riesigen Grundschleppnetze nehmen neben Muscheln auch Krebstiere vom Meeresboden auf und verüben wahre Massaker an den Seespinnen. Die australische Regierung denkt über Gegenmaßnahmen nach.

DIE QUALLE

Quallen bevölkern seit Millionen Jahren die Weltmeere, und es gibt Tausend bekannte Arten von diesen seltsamen Nesseltieren. Unter besonders günstigen Wachstumsbedingungen versammeln sich riesige Quallenschwärme auch in Strandnähe und versetzen badende Urlauber in Angst und Schrecken.

Die Qualle, wie man sie kennt – im Wasser treibend und ihre Tentakel hinter sich herziehend. Doch dies ist nur *ein* Stadium in ihrem Lebenszyklus.

Große Vielfältigkeit

Quallen sind Verwandte der Seeanemonen und der Korallen. Es gibt sie in den verschiedensten Formen, Farben und Größen. Ihre Tentakel können entweder ganz fehlen oder die Rekordzahl von 800 erreichen und unterschiedlich lang sein. Manche Quallenarten können blau oder grün leuchten.

Giftige Harpunen

Die Tentakel der Qualle sind mit winzigen Nesselzellen übersät, die jede eine winzige Harpune (den nur einen Zehntelmillimeter langen Nesselfaden) und eine Giftkapsel enthalten. Auf einem zehn Meter langen Tentakel befinden sich bis zu 750 000 solcher Nesselzellen. An jeder Zelle befindet sich ein Fadenfortsatz, der als »Zündschnur« dient und bei Berührung das Platzen der Giftkapsel bewirkt. Unter dem Druck des ausströmenden Gifts schießt der Nesselfaden wie eine Harpune hervor und spritzt es dem Opfer in weniger als einem Tausendstel Sekunde ein. Danach wird die Kapsel abgestoßen und durch eine neue ersetzt.

Größe:
Glocke: 1 m Durchmesser
Tentakel: 4 m lang

Was ist eine Qualle?

Eine Qualle ist ein zartes, fast durchsichtiges Tier aus einer schirmförmigen Gallertmasse. Sie besteht zu 98 Prozent aus Wasser. Die Mundöffnung liegt am Ende des »Magenstiels«, die Tentakel entspringen am Schirmrand. An dieser Stelle befinden sich auch die Sinnesorgane der Qualle: die lichtempfindlichen Rhopalien und Ocellen.

Quallenklone

Quallen können männlich, weiblich oder auch beides zugleich sein. Durch das Zusammentreffen von Samenfäden und Eizellen entsteht eine kleine Larve, die sogenannte Planula, die frei im Wasser treibt. Danach wird die Sache kompliziert: Nun kann die Larve direkt zu einer Qualle heranwachsen oder sich zu einem Polypen entwickeln, der an einem Ende mit einer Fußscheibe und am anderen mit einem den Mund umschließenden Tentakelkranz ausgestattet ist. Oder aber die Ursprungslarve teilt sich in eine Vielzahl anderer Larven, und aus den Klonen entsteht jeweils eine neue Qualle.

Das Jahr der Quallen

Wahrscheinlich führen ihre Fähigkeit zu schnellem Klonen und ihre große Anpassungsfähigkeit zu dem massenhaften Auftreten der Quallen, das in manchen Jahren festzustellen ist. Die genauen Ursachen der »Qualleninvasionen« sind ungeklärt – es scheint jedoch, als würden durch die Klimaerwärmung und das Aussterben natürlicher Feinde die Bedingungen für die Ausbreitung der Gallertwesen immer günstiger.

»Groß« ist nicht gleichbedeutend mit »gefährlich«

Die Berührung einer Qualle kann zwar schmerzhafte Verbrennungen hervorrufen, lebensgefährlich ist sie aber nur für allergische Menschen. Eine Ausnahme bildet hier allerdings eine Quallenart vor der Nordküste Australiens. Das starke Gift der kleinen *Chironex fleckeri* kann Menschen innerhalb von nur wenigen Minuten töten.

QUALLENARTEN

Bei den Quallen und Nesseltieren begegnet man einer erstaunlichen Vielfalt an Körper- oder Lebensformen und Fortpflanzungsarten. Die meisten Quallen besitzen Tentakel mit Nesselzellen, deren Gift bei einer Quallenart sogar für Menschen tödlich ist.

JAPANISCHE RIESENQUALLE
Größe: 2 m   **Gewicht:** 400 kg

OHRENQUALLE
Größe: 30 cm

PORTUGIESISCHE GALERE
Größe: Gasblase 20 cm,
Tentakel mehrere Meter

SEEANEMONE
Größe: 10 cm

DER WEISSE HAI

Der Weiße Hai ist der größte Raubfisch der Welt. Man begegnet ihm in sämtlichen gemäßigten Meeren und sogar im Mittelmeer. Seinen unverdient schlechten Ruf erkennt man schon an seinem Beinamen »Mörderhai« – eigentlich weiß man aber über diese Haiart noch sehr wenig.

Größe: 7,20 m
Gewicht: 2,50 t
Lebenserwartung: 30 Jahre oder mehr

Die Zeichensprache der Haie
Haie verständigen sich durch Verändern der Körperhaltung und Stellung ihrer Flossen.

Der Weiße Hai ist ein Einzelgänger. Hier schwebt er mit fast waagrecht ausgebreiteten Brustflossen friedlich und gelassen durchs Wasser ...

Sobald er einem Feind oder Rivalen begegnet, krümmt er seinen Rücken und senkt die Brustflossen nach unten ab. Ein Störenfried erkennt diese Gebärde sofort als Drohung. Um einem Angriff zu entgehen, ergreift er besser die Flucht.

Fein entwickelte Sinne

Der Weiße Hai verfügt über außergewöhnlich scharfe Sinne. Sein seitliches Hörorgan (eine Art Ohr) ermöglicht es ihm, aus einer Entfernung von Hunderten von Metern selbst geringste Schwingung wahrzunehmen. Sein feiner Geruchssinn entdeckt alles was nach Blut oder Verwesung riecht. Der Weiße Hai verfügt über ein hervorragendes Sehvermögen unter Wasser und schaut als einziger Hai auch über die Wasseroberfläche. An seiner Schnauze befinden sich für elektrische Mikrofelder empfindliche Sinneszellen. Diese so genannten Lorenzinischen Ampullen ermöglichen es ihm, die Muskelanspannungen von Tieren wahrzunehmen, die er nicht sieht – so kann er auch im Dunkeln jagen und spürt selbst im Sand verborgene Beutetiere auf.

Ein Fischfresser

Jungtiere ernähren sich vor allem von Kalmaren und kleinen Fischen, erwachsene Tiere greifen auch größere Beutetiere an: andere Haie,

Bei der Paarung packt das Männchen das Weibchen mit kräftigem Biss, um es festzuhalten. Die Weibchen sind deshalb oft mit tiefen Narben übersät.

große Thunfische, Robben, Seeelefanten, Delfine und Seelöwen. Sein Ruf als »Menschenfresser« ist aber unbegründet, da er sehr menschenscheu ist. Angriffe auf Menschen sind selten, solche, die zu einem Biss führen, noch seltener und solche mit Todesfolge die absolute Ausnahme … und fressen wird der Hai den Menschen nie.

Geheimnisvolle Fortpflanzung

Wie sich Weiße Haie fortpflanzen konnte noch niemand beobachten. Man nimmt an, dass Männchen mit zehn Jahren und Weibchen

mit 15 Jahren fortpflanzungsfähig werden. Der Weiße Hai ist ovovivipar – das bedeutet, dass er als Jungtier noch im Mutterleib aus dem Ei schlüpft. Bei seiner eigentlichen Geburt ist das Junge bereits 1,20 Meter lang und wiegt 18 Kilogramm.

Ein Wanderer

Markierte Exemplare haben den Wissenschaftlern gezeigt, dass diese ausgesprochenen Einzelgänger weite Wanderungen unternehmen und sich über lange Zeiträume in großen Tiefen aufhalten. Man weiß heute, dass Haie auch in sehr kalten Gewässern jagen können, da sie ihre Körpertemperatur zehn Grad Celsius über der jeweiligen Wassertemperatur halten können.

Vorsicht, bedroht!

Der Fischfang stellt für den Weißen Hai eine ernste Bedrohung dar. In manchen Ländern ist die Tierart zwar bereits geschützt, aber durch die rasche Abfolge der Fangzeiten können die Tiere oft nicht mehr das fortpflanzungsfähige Alter erreichen. Wird der Schutz nicht auf alle Länder ausgeweitet, so drohen neben dem Weißen Hai auch andere Haiarten auszusterben.

DIE VERWANDTEN DES WEISSEN HAIS

Es gibt ungefähr 350 bekannte Haiarten. Anders als Knochenfische haben diese Knorpelfische ein elastisches Skelett und können besonders schnell durchs Wasser gleiten.

DER BLAUHAI

Größe: 4 m **Gewicht:** 200 kg

Dieser Hochseehai lebt in gemäßigt warmen Gewässern. Er ist sehr beweglich und wendig und jagt im Oberflächenwasser Sardinen und sogar fliegende Fische. Er kann aber auch in Meerestiefen von bis zu 400 Metern abtauchen, um dort Kalmare zu erbeuten. Er ist ein Einzelgänger, der ausgedehnte Wanderungen von mehreren Tausend Kilometern unternimmt. Aufgrund von Überfischung ist auch diese Haiart vom Aussterben bedroht.

DER TIGERHAI

Größe: 6,50 m **Gewicht:** 800 kg

Dieser an seinen senkrechten Streifen erkennbare große Raubfisch der tropischen Meere jagt zumeist in Küstengewässern. Seine Hauptnahrung sind kleinere Fische sowie Kalmare, Schildkröten und Meeresvögel.

DER MAKOHAI

Größe: 4 m **Gewicht:** 500 kg

Der Mako ist ein sehr lebhafter und reaktionsschneller Hai. Er gilt als wendigster Hai überhaupt und soll über kurze Entfernungen eine Geschwindigkeit von bis zu 100 Stundenkilometern erreichen können. Auf hoher See jagt er gerne Fische und Kalmare, ernährt sich aber auch von Krill, wenn dieser in dichten Schwärmen auftritt. Aufgrund von Überfischung ist er vom Aussterben bedroht.

DER BOGENSTIRN-HAMMERHAI

Größe: 4,30 m   **Gewicht:** 450 kg

Hammerhaie leben in Küstengewässern und sind keine Einzelgänger. Sie können in Schwärmen von mehreren Hundert Tieren auftreten und jagen zumeist nachts und in großen Tiefen. Ihre Lieblingsbeute sind Kalmare, aber auch Riff-Fische verachtet dieser Hai nicht.

DER SCHWARZ-SPITZEN-RIFFHAI

Größe: 2 m   **Gewicht:** unbekannt

Dieser kleine Hai durchstreift in Gruppen von wenigen Exemplaren die Lagunen und Korallenriffe der Küstengewässer. Er ist vorwiegend nachtaktiv und jagt kleinere Fische sowie Kalmare und Krebstiere.

DER ZITRONENHAI

Größe: 3,50 m   **Gewicht:** 180 kg

Dieser große Hai liebt küstennahe tropische Gewässer und streift hier als Einzelgänger zwischen Wasseroberfläche und einer Tiefe von 100 Metern umher. Er ernährt sich von verschiedensten Fischen, Rochen, Krebsen, Kraken, Kalmaren – und kleineren Haien.

DER WALHAI

Größe: 13 m
Gewicht: 10 t
Lebenserwartung: 60 Jahre

Der Walhai ist der größte Fisch überhaupt. Man begegnet ihm in allen tropischen Gewässern der Erde.

Unendliches Wachstum

Da der Walhai keine Fressfeinde hat, kann er sehr alt werden. Wie die anderen Fische nimmt er sein Leben lang an Größe und Gewicht zu. Matrosen berichten von Walhaien mit 13 Metern Länge. Das erscheint nicht unwahrscheinlich, auch wenn die größten heute gesichteten Exemplare selten länger als zehn Meter sind.

Ein Geheimnis

Über die Fortpflanzung des Walhais weiß man recht wenig, nur dass die Weibchen lebend gebären (die Jungen schlüpfen schon im Mutterleib aus dem Ei). Über Zeit und Ort der Paarung besitzen wir keinerlei Informationen, auch nicht über die Tragzeit. Jungtiere sollen bei der Geburt 40–60 Zentimeter lang sein.

Ein Rätsel

Lange galt der Walhai als Planktonfresser, jetzt aber weiß man, dass er auch Sardellen liebt. Bisher nahm man an, dass er nur nahe der Oberfläche umherstreift, aber nun hat er sich als Tiefseetaucher erwiesen – mit Markierungen versehene Tiere wurden in 700 Metern Tiefe geortet.

Ein gefährdeter Riese

Die großen erwachsenen Tiere fielen rasch dem Fischfang zum Opfer, jetzt werden bereits die jungen Tiere weggefischt, sodass die Walhaie heute fast nie mehr zu ihrer maximalen Größe heranwachsen können. Da verlässliche Beschreibungen fehlen, ist es sehr schwierig, sich eine Vorstellung von der Zahl und der Größe dieser riesigen Meeresbewohner zu machen – aber sicher ist, dass die einstigen Herrscher der Meere heute vom Aussterben bedroht sind. Obwohl der Walhai auf der roten Liste der bedrohten Tierarten steht und der Handel mit seinem Fleisch seit 2002 strengen Regelungen unterliegt, sind die Bestände weltweit rapide zurückgegangen. In Asien erzielen die begehrten Flossen Rekordpreise von 20 000 Euro, was der Raubfischerei und dem Schwarzhandel Vorschub leistet.

DER RIESENHAI

Nach seinem Vetter, dem Walhai, ist der Riesenhai der größte lebende Fisch. Er ist in mäßig kalten Gewässern heimisch.

Größe: 10 m
Gewicht: 5 t
Lebenserwartung: 50 Jahre

Große Schnauze

Am Riesenhai fällt insbesondere seine spitze Schnauze auf, und nach ihr wurde er wissenschaftlich benannt. Sein lateinischer Name *Cetorhinus maximus*: »Rhinus« bedeutet »Nase« und »maximus« »groß«. Der Riesenhai kann das Maul viel weiter aufreißen als der Wahlhai. In die tropischen Meere dieses Verwandten wagt sich der Riesenhai niemals hinein.

Plankton und Fische

Der Riesenhai ernährt sich von Plankton und kleinen Fischen. Langsam schwimmend nimmt er mit geöffnetem Maul ungeheure Mengen an Wasser auf, die durch die riesigen Kiemenschlitze wieder abfließen können. Bei dieser Filterprozedur bleibt die Nahrung in den Kiemen des Hais – bzw. an deren Dornen oder Kämmen – hängen.

Ein Wanderer

Über die weiten Wanderungen um die Europäische Platte, bei denen der Riesenhai Entfernungen von bis zu 3400 Kilometern zurücklegt, weiß man nur wenig. Im Sommer kann man die Tiere im Oberflächenwasser auf Nahrungssuche beobachten. Riesenhaie sind aber auch gute Taucher und wurden in Tiefen von 850 Metern geortet.

Ein Riesenbaby

Der männliche Riesenhai erreicht seine Geschlechtsreife mit 14 Jahren (bei einer Länge von 5,50 Metern), das Weibchen mit 18 Jahren. Es bringt die Jungen lebend zur Welt. Die Tragzeit soll besonders lang sein und drei Jahre dauern. Das Jungtier misst bei seiner Geburt 1,60 Meter.

DER MANTAROCHEN

Rochen gehören zur Ordnung der Knorpelfische und sind mit den Haien verwandt. Der größte unter ihnen ist der Mantarochen. Er lebt im oberflächennahen Wasser tropischer Ozeane, die er anmutig durchschwebt.

Größe: 6,70 m

Gewicht: 1,4 t

Lebenserwartung:
20 Jahre und mehr

Olé!

Manta bedeutet im Spanischen »große Decke«. Ihren Namen verdanken die Rochen der Form ihrer beiden teppichähnlichen Flossen. Manchmal wird der Manta auch als »Teufelsrochen« bezeichnet, da die beiden Fortsätze seitlich seines Mauls an Teufelshörner erinnern. Trotz seiner beeindruckenden Größe ist der Manta friedlich und ungefährlich.

Kunststücke, um besser fressen zu können: Mit den beiden flexiblen Fortsätzen links und rechts des Mauls führt sich der Rochen Wasser zu, um es zu filtern, und vollführt Loopings, um das Plankton optimal zu konzentrieren.

Ausfiltern und fressen

Auf Futtersuche schwebt der Manta mit weit geöffnetem Maul durch das Wasser. Das aufgenommene Wasser filtert er mit seinen auf der Bauchseite gelegenen Kiemen. Plankton, Krebstiere, Quallen und Weichtiere bleiben in den Kiemen hängen und werden anschließend verschluckt. Ist reichlich Nahrung vorhanden, schließen sich manchmal dutzende Mantas zu einer Gruppe zusammen und jagen die dichten Schwärme von Kleintieren gemeinsam.

Kleine Riesen

Der Mantarochen ist ovovivipar (die Jungtiere schlüpfen in einer Tasche im Bauch des Weibchens). Nach 13 Monaten Tragzeit bringt das Weibchen gewöhnlich ein bis zwei Jungtiere von 1,20 Metern Länge zur Welt, und im Laufe des ersten Lebensjahres verdoppelt sich die Größe der Tiere. Man hat beobachtet, dass Weibchen über die Wasseroberfläche springen, um ihre Jungen zur Welt zu bringen: Noch ganz verknittert beginnt der Nachwuchs zu schwimmen und Plankton zu filtern.

DIE VERWANDTEN DES MANTAROCHENS

Die große Familie der Rochen besteht aus mehr als 400 verschiedenen Arten. Allen Rochen gemeinsam sind die flachen Körper und »teppichartigen« Brustflossen.

DER MARMOR-ZITTERROCHEN

Größe: 2,50 m   **Gewicht:** 150 kg

Diese Rochenart lebt an den steilen Felswänden der Vulkaninseln des Nordpazifiks. Der Zitterrochen kann in Gruppen von mehreren Dutzend Tieren auftreten und ernährt sich am Meeresboden von Muscheln, Fischen und Krebstieren. Er ist ovovivipar und bringt bei einem Wurf bis zu sieben Junge zur Welt.

DER LEOPARDENROCHEN

Größe: 2,80 m   **Gewicht:** unbekannt

Dem Leopardenrochen begegnet man in den tropischen Küstengewässern. Wie ein fliegender Teppich schwebt er elegant über den sandigen Meeresboden, von dem er Krebse und Weichtiere aufliest. In der Fortpflanzungszeit sammeln sich die Leopardenrochen in Gruppen von mehreren Dutzend Tieren.

DER STACHELROCHEN

Größe: 1 m   **Gewicht:** unbekannt

Die bevorzugten Lebensräume der Stachelrochen sind die seichten Küstengewässer der Korallenriffe. Im Vergleich zu Manta- und Leopardenrochen ist dieses Tier ein schlechter Schwimmer und bleibt tagsüber gerne fast bis über die Augen im Sand versteckt. Erst nachts wird er aktiv und jagt Krebse und Weichtiere auf den sandigen Lagunenböden.

DER ADLERROCHEN

Größe: 90 cm   **Gewicht:** unbekannt

Adlerrochen leben in Schwärmen in den Küstengewässern der tropischen Meere. Sie durchstöbern den sandigen oder schlammigen Meeresboden nach Muscheln und zermalmen die Nahrung genüsslich mit den Zähnen.

DER KALIFORNISCHE ZITTERROCHEN

Größe: 1,40 m   **Gewicht:** unbekannt

Dieser Rochen lebt in kalten Gegenden und sucht in Algenwäldern oder am Boden nach Nahrung. Aufgespürte Fische, Heringe oder Heilbutte tötet er mit einem starken Stromstoß. Zwei nahe am Kopf sitzende Muskeln ermöglichen es ihm, eine elektrische Spannung von 200 Volt zu erzeugen, deren Entladung auch einen großen Fisch – und sogar einen Menschen – sekundenlang betäuben kann.

DER BUCKELWAL

Der Buckelwal ist für seine melodischen Gesänge und spektakulären Sprünge bekannt.
Man begegnet ihm in allen Meeren der Welt.

Größe und Gewicht:

Männchen: 14,5 m / 25 t
Weibchen: 15,5 m / 35 t

Lebenserwartung:
50 Jahre

Der Buckel

Seinen Namen verdankt der Buckelwal der markanten Ausbuchtung auf seinem Rücken, auf der sich auch seine berühmte Rückenfinne befindet. Besonders gut sichtbar wird der Buckel, wenn der Wal beim Abtauchen den Rücken krümmt. Die »Buckel« an seinem Kiefer hingegen sind … Borsten.

Die großen Flügel

Die wissenschaftliche Bezeichnung der Buckelwale ist »Megaptera« (lat. »Großflügler«). Dieser Name leitet sich von den langen Brustflossen (Brustfinnen) ab, mit denen die Wale kräftige Schläge ausführen, um sich untereinander zu verständigen oder um sich gegenseitig Beutefische zuzutreiben.

Zwei Lebenszyklen

Buckelwale gibt es in allen Meeren der Welt, und alle haben einen ähnlichen Lebensrhythmus. Wenn die auf der Südhalbkugel lebenden Tiere in tropische Gewässer abwandern, um sich fortzupflanzen, befinden sich die Tiere der Nordhalbkugel gerade in kalten Meeren, um sich Fettreserven

Pure Lebenslust? Man weiß bis heute nicht, warum die Buckelwale ihre spektakulären Luftsprünge machen: Um sich von Parasiten zu befreien? Um anderen Walen ihre Anwesenheit mitzuteilen? Um ihre Stimmung zu zeigen? Oder einfach nur zum Spaß?

anzulegen. Wenn sie dann in die warmen Meere abwandern, befinden sich die Wale der Südhalbkugel schon wieder in der Antarktis auf der Suche nach Krill.

Liebesgesänge

Um Weibchen zu erobern, gibt das Männchen mit gesenktem Kopf kilometerweit hörbare Laute von sich. Die Walgesänge markieren die Reviere der einzelnen Männchen und schrecken Konkurrenten ab. Die Tragzeit nach der Paarung dauert ein Jahr. Bei seiner Geburt misst ein Jungwal 4,50 Meter, wiegt 700 Kilo und wird danach acht Monate lang gesäugt. Auf der Wanderung schwimmt er im Kielwasser der Walmutter. Die Reise über fast 16 000 Kilometer ist für das Jungtier dennoch eine beachtliche Leistung!

In Alaska hat diese Walgruppe gelernt, gemeinsam Heringe zu jagen. Zwei Wale sind die Anführer: Der eine umkreist die Heringe und erzeugt Luftblasen, um sie einzukesseln, der andere singt, um sie durch die Geräusche wie ein bellender Hirtenhund in das »Blasennetz« zu treiben. Dann gibt er allen anderen Walen das Signal, unter dem Schwarm der erschreckten Heringe gleichzeitig und mit geöffneten Mäulern emporzuschnellen.

Gefiltertes Festmahl

Ein ausgewachsener Wal nimmt im Durchschnitt pro Tag 500 Kilogramm Nahrung auf. Er ernährt sich von Krill oder Fischschwärmen. Hierfür nimmt er eine enorme Wassermenge auf und filtert diese durch seine Barten wie durch ein riesiges Sieb.

Gerettet, aber wieder bedroht

Im 20. Jahrhundert wurde der Buckelwal von Walfängern nahezu ausgerottet, sodass bereits 1983 ein Fangverbot ausgesprochen wurde. Heute soll es weltweit wieder etwa 60 000 Exemplare geben. Die japanischen Walfänger halten diese Zahl für ausreichend und möchten die Jagd wieder aufnehmen.

DER BLAUWAL

Mit seinem riesenhaften graublauen Körper ist der Blauwal das größte Meerestier überhaupt.

Größe: 33 m
Gewicht: 130 t
Lebenserwartung: 80 Jahre

Auf dem Speisezettel steht Krill

Der Blauwal ernährt sich ausschließlich von kleinen, als »Krill« bezeichneten Garnelen, von denen er täglich vier Tonnen aufnimmt. Hat er einen Krillschwarm ausgemacht, verschlingt er ihn zusammmen mit einem riesigen Schluck Wasser. Dann schließt er das Maul, stößt das Wasser mit der Zunge wieder aus und filtert es mithilfe seiner Barten – etwa 800 ein Meter große Hornplatten, die die oberen Zähne ersetzen. Der ausgefilterte Krill wird verschluckt.

Ein unglaubliches Wachstum

Der Blauwal wird mit acht Jahren fortpflanzungsfähig und misst dann 23 Meter Länge. Die Paarung findet im Winter statt, die Tragzeit beträgt zwölf Monate. Das Neugeborene misst sieben Meter und wiegt drei Tonnen. Es trinkt täglich 300 Liter der äußerst nahrhafter Muttermilch und nimmt so pro Tag 90 Kilogramm zu. Pro Monat wächst das Riesenbaby um einen Meter und wiegt am Ende der Stillzeit nach acht Monaten rund 20 Tonnen.

Der mächtigste Atem der Welt: Der Blauwal taucht selten tiefer als 100 Meter und länger als 15 Minuten. Wenn er zum Atemholen auftaucht, kann er mit der ausgestoßenen Luft einen bis zu neun Meter hohen Blasstrahl verursachen.

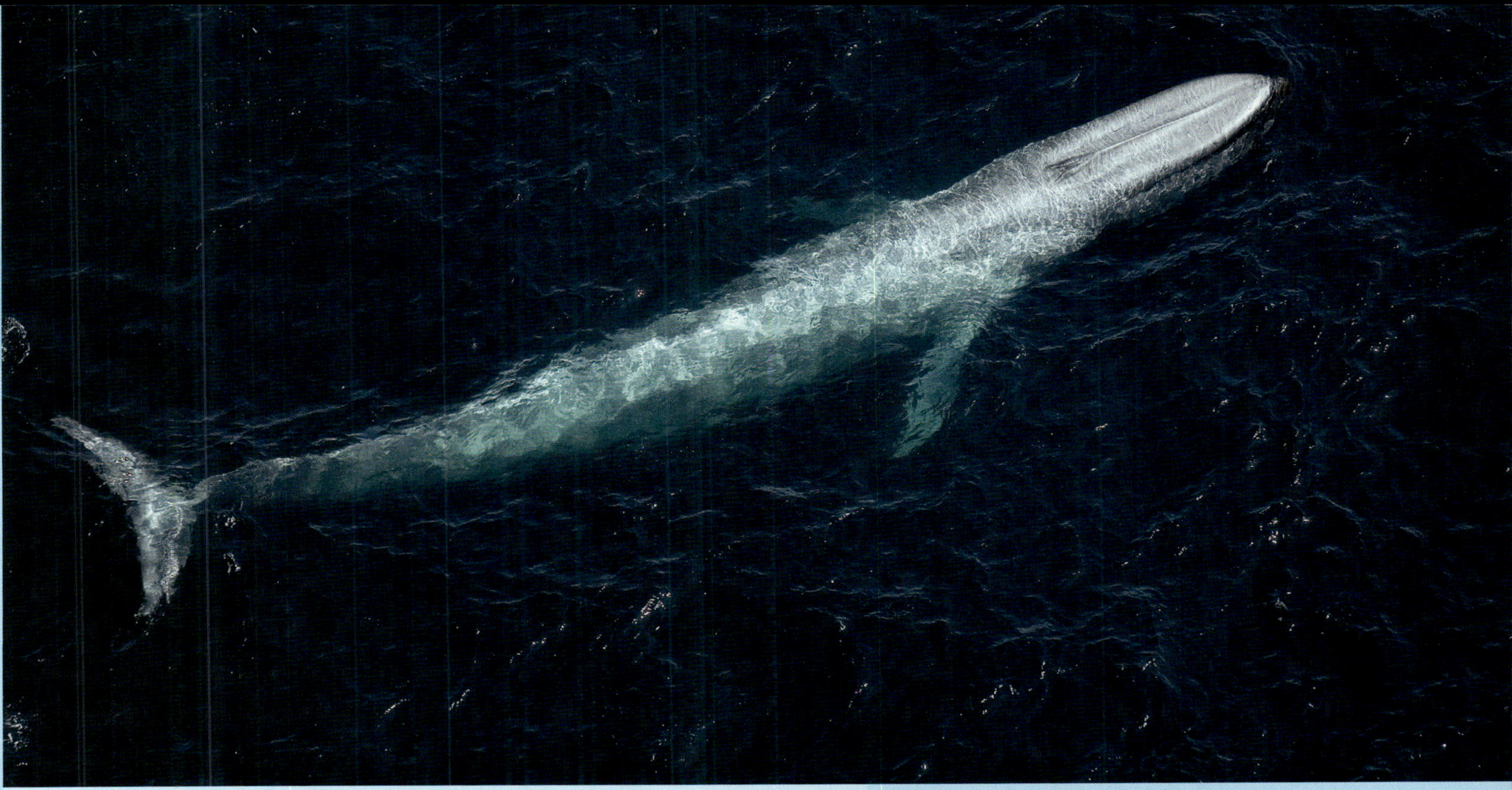

Der größte je gefangene Wal wog 190 Tonnen, was 30 Elefanten entspricht. Er war damit schwerer als der schwerste Dinosaurier.

Tummelwiese Ozean

Kleinen Gruppen von Blauwalen begegnet man in sämtlichen Ozeanen. Die einzelnen Gruppen bleiben unter sich, auch wenn sie alljährlich large Wanderungen in dieselben Gegenden unternehmen. Im Winter zieht das Weibchen sein Jungtier in tropischen Gewässern auf. Im Sommer geht es, je nach Geburtsort, in den kalten Gewässern der Arktis oder Antarktis auf Nahrungssuche.

Gespräche quer durch den Ozean

Der Blauwal ist ein Einzelgänger. Durch seine Gesänge kommuniziert er aber über weite Entfernungen hinweg mit seinen Artgenossen. Die niedrigen Frequenzen der Walgesänge sind für Menschen kaum wahrnehmbar.

Eine neue Bedrohung

Der Blauwal hat keine natürlichen Feinde. Nicht einmal die furchtlosen Schwertwale wagen es, die bis zu 50 km/h schnellen blauen Riesen anzugreifen. Nach Zählungen gibt es heute nur noch etwa 6000 Blauwale, vor Beginn der groß angelegten Waljagd im 19. Jahrhundert waren es noch 300 000. Seit 1982 steht der Blauwal unter Artenschutz, ist aber immer noch vom Aussterben bedroht. Ausschlaggebend dafür ist, dass ihm durch die Zunahme des Krillfangs die Ernährungsgrundlage entzogen wird.

DER GEWÖHNLICHE DELFIN

Der Delfin ist ein Meeressäuger. Charakteristisch für diesen geschickten Wasserakrobaten ist seine schnabelförmig verlängerte Schnauze.

Größe und Gewicht:
Männchen: 2,70 m / 75 kg
Weibchen: 2,10 m / 65 kg

Lebenserwartung:
20 Jahre

Unglaubliche Akrobatik
Der Gewöhnliche Delfin lebt in warmen Gewässern sämtlicher Ozeane. Die vor Costa Rica heimische Delfinart ist die lebhafteste und ist für ihre spektakulären Luftsprünge bekannt.

Weltmeister im Luftsprung: Der vor Costa Rica lebende Delfin kann meterhoch aus dem Wasser springen und dreht sich dabei in der Luft mehrmals um die eigene Achse.

Nur bei den vor Costa Rica heimischen Delfinen ist die Rückenflosse nach vorne gekrümmt. Bei sämtlichen in anderen Regionen lebenden Delfinen ist sie nach hinten gebogen.

Leckerbissen aus der Tiefe

Delfine schließen sich bei der Nahrungssuche vorübergehend zu Verbänden von mehreren Hundert Tieren zusammen. Insbesondere lieben sie Tiefseefische, die nachts aus der dunklen Tiefe auftauchen, um im Oberflächenwasser Plankton abzuweiden. Dann umzingeln die Delfine die kleinen Fische, hindern sie am Wegtauchen und setzen ihr Festmahl am bequemsten noch am Morgen fort, wenn die ans Dunkel gewöhnten Tiefseefische durch das helle Tageslicht die Orientierung verlieren.

Muttergefühle

Paarungszeit ist für Delfine das ganze Jahr. Die Partner bleiben einander aber nicht treu. Nach einer Tragzeit von zehn Monaten bringt das Weibchen ein einziges Jung-tier zur Welt. Während der manch-mal über einjährigen Stillzeit ent-wickelt die Mutter eine sehr starke Bindung zu ihrem Kind und bringt ihm geduldig das Jagen bei.

Schutzmaßnahmen

Früher wurden beim Thunfisch-fang oft auch Delfine in den riesi-gen Netzen eingeschlossen. Die Fischer wussten, dass die Mee-ressäuger über den Thunfischen schwammen, da diese ihre Beute bilden, und ließen die in den Netzen gefangenen Delfine zu Dutzenden elend umkommen. Unter dem Druck der Umweltschutzorganisationen verpflichteten sich die Fischer nun, die Delfine aus den Netzen zu befreien, bevor der Thunfischfang eingeholt wird.

DIE VERWANDTEN

Delfine gibt es in vielen verschiedenen Varianten. Einige haben sehr lange »Schnäbel«, andere nur kurze Schnauzen, manche weisen eine riesige, andere gar keine Rückenflosse auf.

DER GROSSE TÜMMLER
Größe: 3,50 m **Gewicht:** 300 kg

DER WEISSSEITENDELFIN
Größe: 2 m **Gewicht:** 100 kg

DER RUNDKOPFDELFIN
Größe: 4 m **Gewicht:** 400 kg

DER SCHWARZDELFIN
Größe: 1,80 m **Gewicht:** 60 kg

DER GROSSE SCHWERTWAL

Der Orca oder Große Schwertwal ist ein Meeressäuger aus der Familie der Delfine. Das massige Tier ist leicht an seinem schwarz-weißen Körper zu erkennen und in allen Weltmeeren zu Hause.

Größe und Gewicht
Männchen: 9 m / 8 t
Weibchen: 6 m /4 t

Lebenserwartung
Männchen: 50 Jahre
Weibchen: 60–80 Jahre

Ein Superräuber

Der Große Schwertwal hat keine Fressfeinde und jagt als wahrer »Herr der Meere« alle anderen Meerestiere: Haie, Rochen, alle Arten von Fischen und Kalmare. In Alaska wurde beobachtet, wie Orcas durch Aussenden von Ultraschallgeräuschen Lachse lähmen. In der Antarktis wurden Orcas gesichtet, die durch starke Beschleunigung riesige Wellen auslösen und damit Eisschollen zum Kippen bringen, auf denen sich Robben ausruhen. Und in der Gruppe greifen Orcas sogar Wale und Seeelefanten an.

Familiensinn

Orcas leben in einem engen Familienverband unter der Führung eines älteren, erfahrenen Weibchens. Die Orca-Familie hält fest zusammen. Häufig wird sogar die Beute mit den anderen Familienmitgliedern geschwisterlich geteilt.

Geübte Landjäger: Dieser Orca hat gelernt, aus dem Wasser ans Ufer zu rutschen, um junge Seelöwen zu fangen. Er schafft es, nach der freiwilligen Strandung wieder unbeschadet ins offene Meer zurückzukehren.

Für die meisten Wale ist »stranden« gleichbedeutend mit »sterben«. Wegen ihres Körpergewichts schaffen sie es nicht, ins Wasser zurückzukehren. Für einen kleinen Orcaverband vor der argentinischen Halbinsel Valdés aber gehört das Stranden zum Jagdritual. Um Seehunde zu erbeuten, haben diese Wale eine überraschende Technik entwickelt. Die »Uferjagd« erfordert allerdings eine sehr lange Lehrzeit, und bis ein Jungwal gefahrlos stranden kann, dauert es Jahre. Tagtäglich trainiert die Walmutter ihr Junges darin, seine Angst zu überwinden und immer näher ans Ufer heranzuschwimmen. In der Zeit des Heranwachsens wird der Jungwal dieses Training fortsetzen und von Weibchen auf seinen Jagdzügen begleitet. Gelingt es dem Jungtier nicht, aus eigener Kraft ins Wasser zurückzukehren, so erzeugt sein »Begleitschutz« eine Welle, um es wieder flottzumachen.

Eine enge Bindung

Ungefähr alle drei Jahre bringt das Weibchen ein Junges zur Welt. Die Bindung von Mutter und Kind bleibt sehr stark, auch über die zweijährige Säugezeit hinaus.

Sprechen Sie »orca«?

Schwertwale verständigen sich durch verschieden schrille und lange Pfeiftöne, die sie zu komplexen Sätzen zusammenfügen. Jede Orcafamilie hat ihren eigenen Sprachdialekt, sodass Wissenschaftler einen bestimmten Bestand anhand seines Pfeifens identifizieren können. Orcas verständigen sich aber auch durch Schläge ihrer Schwanzflosse oder durch Sprünge aus dem Wasser, nach denen sie geräuschvoll auf den Rücken platschen.

EIN VERWANDTER

Manche Wissenschaftler vermuten, dass es mehrere Unterarten des Orcas gibt – einen Verwandten hat der Orca jedenfalls: den Kleinen bzw. Unechten Schwertwal, einen gefürchteten Jäger, der sowohl andere Wale als auch Delfine angreift.

DER KLEINE (UNECHTE) SCHWERTWAL
Größe: 5 m   Gewicht: 1 t

DER POTTWAL

Anders als der Große und Kleine Schwertwal greift der Pottwal weder andere Meeressäuger noch große Fische an, sondern ernährt sich vor allem von Kalmaren.

Größe und Gewicht:
Männchen: 18 m / 55 t
Weibchen: 11 m / 24 t

Lebenserwartung:
70 Jahre

Der weibliche Familienclan

Pottwalen begegnet man von der Arktis bis in die Antarktis in allen Weltmeeren. Sie leben unter Führung eines dominierenden Weibchens in einer Gruppe mit sehr ausgeprägten sozialen Strukturen. Die Angehörigen einer Großfamilie halten fest zusammen und helfen sich gegenseitig bei der Jagd und bei der Kinderbetreuung. Walmütter säugen auch fremde Jungen, und wird eines der Gruppenmitglieder von Schwertwalen bedroht, so schließen sich alle anderen zur Verteidigung zusammen. Die Weibchen bleiben mit den Jungtieren ganzjährig in tropischen Gewässern, die erwachsenen Männchen ziehen mit sechs Jahren in Kleingruppen in gemäßigte Meere. In kalte Meere dringen lediglich ausgewachsene männliche Einzelgänger vor.

Fortpflanzung

Das mit 18 Jahren geschlechtsreife Männchen misst 13 Meter. Es kehrt immer wieder in die tropischen Meere zurück, um sich hier mit den ab zehn Jahren geschlechtsreifen Weibchen zu paaren. Die anschließende Tragzeit dauert 14 Monate. Das Jungtier misst bei seiner Geburt bereits vier Meter, wiegt eine Tonne und wird mindestens zwei Jahre lang gesäugt.

Tauchweltmeister

Der Pottwal ist ein wahrer Weltmeister im Tiefseetauchen. Er kann ohne zu atmen länger als eine Stunde unter Wasser bleiben und bis in eine Tiefe von 2000 Metern abtauchen, um seine Hauptnahrung, Kalmare, zu jagen. In der Dunkelheit der Tiefe ortet er die Beute mithilfe des Echolotprinzips: Er stößt kurze Laute aus, die von den Kalmaren reflektiert werden. Diese mit dem Ohr und vor allem dem Unterkiefer aufgefangenen Echos ermöglicht

es dem Pottwal, sich die Form des weichen Kalmarkörpers vorzustellen und diesen von harten Gegenständen zu unterscheiden. Er erhält auf diese Weise ein sehr genaues, einem Echogramm vergleichbares Bild der Tiefsee und ihrer Bewohner.

Fernmeldetechnik unter Wasser

Pottwale sind sehr gesellige Tiere, die intensiv miteinander kommunizieren – mithilfe von Lauten und durch ihre Körpersprache. Auch über weite Entfernungen hinweg und bis in große Tiefen können sich im Familienverband jagende Wale durch komplexe Geräuschsequenzen verständigen. Sobald sie sich im Oberflächenwasser begegnen, liebkosen sie sich und reiben sich minutenlang aneinander.

Industrielle Nutzung

Lange Zeit wurde der Pottwal intensiv gejagt und war daher bis zu dem 1984 erlassenen Fangverbot eine äußerst gefährdete Art.

Zum einen waren die Tiere wegen ihrer grauen »Ambra« so begehrt, einer aus den Eingeweiden entnommenen Substanz, die zur Parfümherstellung verwendet wurde. Zum anderen wegen des »Walrats«, einer im Kopf des Wals enthaltenen, wachsartigen Masse, die zur Herstellung von Kerzen und zur Schmierung von Maschinen diente.

DER KALIFORNISCHE SEELÖWE

Nicht nur wegen seiner putzigen Schnauze und seinem feinen Pelz ähnelt der Kalifornische Seelöwe einem Hund, sondern auch wegen seinem freundlichen Wesen. Der sympatische Meeressäuger lässt sich leicht dressieren und ist oft Publikumsliebling in Zirkussen und Meerwasserschauen.

Größe: 2,40 m
Gewicht: 200 kg
Lebenserwartung: 30 Jahre

Robbe oder Seelöwe?
Im Gegensatz zur Robbe hat der Seelöwe nicht nur kleine unauffällige Ohröffnungen, sondern externe Ohrmuscheln. Er ist im Allgemeinen viel zierlicher als die Robbe, und anders als diese, setzt er seine langen Brustflossen zum Schwimmen ein. Sein äußerst elastisches Becken ermöglicht es dem Seelöwen, die Hinterflossen nach vorne unter den Bauch zu klappen. Darauf gestützt kann er sich – wie auf vier Pfoten – auch auf dem Trockenen fortbewegen.

Gesellig und nie allein
Der Kalifornische Seelöwe lebt in großen Kolonien und schwimmt und jagt meist in der Gruppe. Da er sehr neugierig ist, kommt er Schiffen und Tauchern oft sehr nahe. Veränderten Umweltbedingungen passt er sich schnell an: Kolonien des Kalifornischen Seelöwen gibt es sogar in Nähe großer Küstenstädte wie z. B. San Francisco.

Muntere Geschwätzigkeit

In Seelöwenkolonien geht es sehr geräuschvoll zu – ständig streiten sich die Tiere um die sonnigsten Ruheplätze und versuchen, ihr Revier durch lautstarkes Gebrüll und Gekläff zu markieren. Als die spanischen Entdecker sie erstmals im Nebel Kaliforniens brüllen hörten, dachten sie, es handle sich um heulende »Meerwölfe«.

Elfentanz im Algenwald

Unter Wasser ist der Seelöwe ein Weltmeister im Pirouettendrehen. Geschmeidig und anmutig durchstreift er das Wasser und windet sich dabei behände in alle Richtungen. Er kann Geschwindigkeiten von bis zu 40 km/h erreichen und in Tiefen von fast 300 Metern abtauchen.

Ein eifersüchtiger Patriarch: Das Männchen hat eine imponierend hohe Stirn und ist wesentlich größer als das Weibchen. Es steht seinem Harem vor, den es eifersüchtig bewacht.

DER SEELEOPARD

Diese einzelgängerische Robbenart der Antarktis wird aufgrund ihres gefleckten Fells als Seeleopard bezeichnet. Als gefürchteter Räuber hat dieser Meeressäuger keinen guten Ruf.

Robbe oder Seelöwe?
Wenn eine Robbe an Land »gerobbt« ist, bewegt sie sich wie eine riesige Raupe auf dem Bauch kriechend fort. Robben sind oft Einzelgänger und leben in der Nähe der Pole, Seelöwen hingegen sind auf dem Packeis niemals anzutreffen. Die einzige Weltgegend, in der man Robben und Seelöwen gemeinsam antrifft, ist die nordamerikanische Pazifikküste.

Größe: 3,80 m

Gewicht: 500 kg

Lebenserwartung: unbekannt

Krebstiere und Frischfleisch
Der Seeleopard ernährt sich hauptsächlich von Krill. Mit spitzen Zähnen filtert er die in kalten Polargewässern reichlich vorhandenen Schwärme kleiner Garnelen aus dem Wasser. Aber auch üppigere Mahlzeiten wie eine saftige kleine Robbe oder einen jungen Pinguin lässt sich das Raubtier schmecken.

Jagd im Oberflächenwasser
Seeleoparden sind zwar flinke Räuber, aber keine besonders talentierten Taucher. Auf ihren zwei- bis dreiminütigen Tauchgängen erreichen sie selten mehr als 50 Meter Tiefe. Im Gegensatz zu Seelöwen schwimmen Seeleoparden wie Fische – mithilfe ihrer Schwanzflosse von links nach rechts durchs Wasser wedelnd.

Das traurige Ende eines Pinguins: Ein Seeleopard lässt seine Beute nur selten entkommen. Sobald er sie gefangen hat, schleudert er sie wild umher, um sie zu zerreißen.

sichtigerweise ins Wasser begeben. Von den im Meer verborgenen Seeleoparden sind über Wasser nur Nüstern und Augen zu sehen. Durch diese »Krokodiltaktik« werden die Jäger für unerfahrene und sorglos im Wasser planschende Jungpinguine zur tödlichen Gefahr.

ARKTISCHER SEEELEFANT
Größe: 5 m   Gewicht: 2,2 t

Krokodiltaktik am Südpol

Im Sommer lauert das Seeleopardenweibchen vor den Pinguinkolonien und sichert sich nach Kräften ihren Teil des heftig umstrittenen Jagdreviers. Aufmerksam verfolgt es alle Vorgänge und wartet geduldig darauf, dass die im Frühjahr geborenen Pinguine sich unvor-

Erwachsen in nur einem Monat

Nach der im Sommer erfolgten Paarung bringt das Seeleopardenweibchen im folgenden Frühjahr ihr Junges zur Welt. Die kleine Robbe kommt schon nach vier Wochen ohne ihre Mutter auf dem Packeis der Südhalbkugel zurecht.

BARTROBBE
Größe: 2,5 m   Gewicht: 400 kg

KRABBENFRESSER
Größe: 2,6 m   Gewicht: 410 kg

SEEHUND
Größe: 2 m   Gewicht: 170 kg

DER KAISERPINGUIN

Der Kaiserpinguin ist ein seltsamer Vogel: Er kann nicht fliegen, aber durchs Wasser flitzen wie ein Fisch. Seine Heimat ist eine der kältesten Regionen der Erde: die Antarktis.

Größe: 1,20 m

Gewicht:
20–40 kg
(je nach Jahreszeit)

Lebenserwartung:
20 Jahre

Im Meer allein, gesellig an Land

Den Sommer über jagt der Kaiserpinguin allein oder in kleinen Gruppen durchs Meer. Seine bevorzugten Beutetiere sind Krill, Fische und Kalmare. Wohlgenährt kehrt er im Herbst zur Paarung auf das Packeis zurück. Den Winter über lebt er hier zusammen mit seinen Artgenossen in Kolonien, die manchmal mehrere Tausend Tiere umfassen.

Warum Pinguine »schildkröten«

Wenn im Winter eisige Winde über das Packeis fegen und die Temperaturen weit unter den Gefrierpunkt sinken, drängen sich die Pinguine dicht aneinander. Jeweils etwa zehn Tiere pro Quadratmeter bilden eine »Schildkröte« – eine Gruppenformation, die an die antike Kampfformation der römischen Legionäre erinnert. Auf diese Weise vermindern die Tiere ihren Wärmeverlust auf dem Eis und erzeugen im Inneren der Schildkröte sogar eine Temperatur von bis zu 37 Grad Celsius. Da es den Tieren im Zentrum zu warm und denen am Rand zu kalt wird, tauschen sie regelmäßig die Plätze.

Der Vogel, der sich für einen Fisch hält

Flügel in Flossenform und ein schnittiger, kegelförmiger Körper ermöglichen es dem Kaiserpinguin, geschwind und mühelos zu schwimmen. Er kann Hunderte von Kilometern zurücklegen, bis zu 500 Meter tief tauchen und 20 Minuten unter Wasser bleiben! Um der polaren Kälte zu trotzen (in der Antarktis sind minus 20 Grad Celsius Normaltemparatur), ist er mit einem wasserdichten Federkleid ausgestattet. Unter der Haut isoliert ein dicke Fettschicht das Tier gegen das eisige Wasser.

Der Kaiserpinguin ist die größte aller Pinguinarten: Als erwachsenes Tier hat er Größe und Figur eines fünfjährigen Menschenkindes, das über seinem Skianzug noch einen Taucheranzug trägt – dies hält warm, ist an Land aber natürlich nicht besonders praktisch. Im Wasser bewegt sich ein Pinguin dafür mit verblüffender Leichtigkeit.

Ein mütterlicher Vater

Der Kaiserpinguin ist der einzige Vogel, der im Winter brütet. Er baut hierfür kein Nest. Wenn das Weibchen das einzige Ei gelegt hat, kehrt es ins Meer zurück und überlässt das Ei dem Männchen zum Bebrüten. Zwei lange, kalte und dunkle Monate lang hält der Vater das Ei auf seinen Füßen in einer Hautfalte geborgen und wärmt es – ohne dabei selbst Nahrung aufzunehmen.

Ablösung

Wenn das Küken nach zwei Monaten schlüpft, hat das Männchen fast die Hälfte seines Gewichts verloren. Im Hals hält der ausgehungerte Vater noch etwas unverdauten Nahrungsbrei für seinen Nachwuchs parat und wartet geduldig auf die Rückkehr seines Weibchens. Erst wenn die Ablösung da ist, kann das Männchen selbst auf Fischfang gehen, um wieder zu Kräften zu kommen. Während der monatelangen Brutzeit lösen sich die Eltern etwa zwanzigmal ab, um neue Nahrung zu beschaffen. Sie sehen sich praktisch nie und betreuen ihren Nachwuchs in anstrengender Schichtarbeit.

DIE VERWANDTEN

An Land watscheln Pinguine unbeholfen auf ihren kleinen, mit Schwimmhäuten versehenen Füßen, beim Schwimmen dienen ihnen ihre kurzen, zu kräftigen Flossen umgebildeten Flügel als Ruder.

ADELIEPINGUIN
Größe: 71 cm   Gewicht: 5 kg

KEHLSTREIFPINGUIN
Größe: 70 cm   Gewicht: 4 kg

ESELSPINGUIN
Größe: 80 cm   Gewicht: 7 kg

GALÁPAGOS-PINGUIN
Größe: 50 cm   Gewicht: 2 kg
Er ist der einzige am Äquator lebende Pinguin.

DER PAZIFISCHE FREGATTVOGEL

Der Fregattvogel ist zwar ein Meeresvogel, aber seltsamerweise sehr wasserscheu: Sein Federkleid ist nicht wasserdicht, und er vollführt akrobatische Flugmanöver Luft, um beim Fischen jeglichen Kontakt mit dem Wasser zu vermeiden.

Größe:
2,30 m Spannweite

Gewicht: 1,5 kg

Lebenserwartung:
20 Jahre

Äußere Merkmale

Fregattvögel haben ein schwarzes Federkleid, große Flügel mit bis zu 2,30 Metern Spannweite, langes, gegabeltes Schwanzgefieder und einen hakenförmigen Schnabel. Männchen und Weibchen sind leicht zu unterscheiden: Das Weibchen hat einen weißen Hals, das Männchen einen roten Kehlsack, den es in der Balzzeit aufbläst, um eine Angebetete zu erobern.

Leichter als Luft

Im Verhältnis zu seiner Größe ist der Fregattvogel der leichteste Seevogel. Sein Skelett wiegt weniger als sein Federkleid. Er kann lange über dem Meer schweben, ohne zu ermüden. Durch seine langen, spitzen Flügel und seinen halbmond-förmig gegabelten Schwanz übertrifft er alle anderen See-vögel an Wendigkeit. Von den Passatwinden getragen fliegt er sogar nachts in einer Höhe von 2000 Metern. Aus dieser Höhe kann er vom Himmel aus bequem die Meeresoberfläche überwachen.

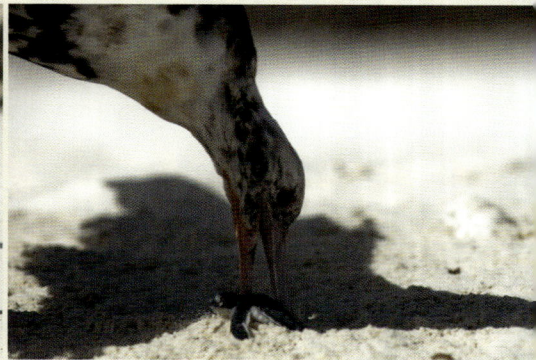

Schnell wie der Blitz: Ein Sekundenbruchteil genügt diesem jungen Fregattvogel, um sich im Flug einen Schildkrötenschlüpfling am Strand zu schnappen. Die kleinen Meeresschildkröten sind auch für junge Vögel eine leichte Beute.

Seevögel sind oft talentierte Segelflieger. Um die von den Wellen erzeugten Windturbulenzen bestmöglich nutzen zu können, sind ihre Flügel lang und schmal.

WANDERALBATROS
Größe: 3,50 m   **Gewicht:** 11 kg

BRAUNPELIKAN
Größe: 2,20 m   **Gewicht:** 6 kg

KÖNIGSSEESCHWALBE
Größe: 50 cm   **Gewicht:** 500 g

Luftakrobaten und Piraten

Da der Fregattvogel mit seinen kleinen Füßen schlecht landen kann, muss er seine Beute im Vorbeiflug fangen: Auf dem Boden sind das die Küken anderer Vogelarten oder junge Schildkröten, auf der Meeresoberfläche fliegende Fische. Die andere Möglichkeit, an Nahrung zu gelangen, ist der Raub. Fregattvögel verstehen sich meisterlich darauf, anderen Vögeln den erbeuteten Fisch abzuluchsen, insbesondere Tölpeln und Seeschwalben.

Sorgfältige Ausbildung

Das Weibchen legt nur alle zwei bis drei Jahre ein einziges Ei. Nach vier bis sieben Monaten verlässt der Jungvogel das Nest. Schon früh überlässt der Vater die Pflege des Kükens völlig der Mutter, von der es fast noch ein Jahr lang abhängig bleibt und gefüttert wird. Die Techniken des Beutefangs sind bei Fregattvögeln derart perfektioniert, dass das Junge viel Zeit benötigt, um sich in aller Ruhe die Kenntnisse der Mutter aneignen zu können.

DIE GRÜNE MEERESSCHILDKRÖTE

So flink die Grüne Meeresschildkröte im Wasser ist, so langsam und unbeholfen ist sie an Land. Dieses urzeitlich aussehende Reptil bevölkert die Meere seit mehr als Hundert Millionen Jahren.

Größe:
1–1,40 m lang

Gewicht:
150–230 kg

Lebenserwartung:
etwa 70 Jahre

Der Geschmack ändert sich

In der Jugend ist die Grüne Meeresschildkröte eine Fleischfresserin: Sie ernährt sich von Würmern, Weichtieren und Fischeiern. Als Erwachsene lebt sie streng vegetarisch und grast Algen und Wasserpflanzen ab, die entlang der Küsten in geringer Tiefe wachsen.

Warum grün?

Unter den Meeresschildkröten ist die Grüne die bekannteste und auch eine der größten. Ihr Name rührt nicht von der Farbe ihres Panzers her, der eher braun oder grau ist und eine unregelmäßige Zeichnung aufweist, sondern von der Farbe ihres Fleisches – für Gourmets eine rare Delikatesse.

Schnell ins Wasser!

Landschildkröten gibt es schon seit mehr als 300 Millionen Jahren. Vor mehr als Hundert Millionen Jahren kehrte eine Gruppe von ihnen ins Wasser zurück. Von ihnen stammen auch die Grünen Meeresschildkröten ab.

Gefährliche Reise: Frisch geschlüpft beeilen sich die Schildkrötenbabys, das Meer zu erreichen. Gewöhnlich schlüpfen die Jungtiere im Schutze der Dunkelheit – nur auf der Insel Europa im Indischen Ozean wagen 25 Prozent der Brut die Reise auch bei Tag.

Liebesleben unter Wasser

Da die Grüne Meeresschildkröte ihr ganzes Leben im Meer verbringt, erfolgt auch die Paarung im Wasser. Sobald das Männchen ein Weibchen gefunden hat, hängt es sich an seinen Panzer und lässt sich so stundenlang von ihm tragen. Es geht niemals an Land, das Weibchen hingegen muss für die Eiablage einen geeigneten Strand finden.

Ein innerer Kompass

Niemand weiß, wie das Schildkrötenweibchen es schafft, zur Eiablage immer wieder an seinen Heimatstrand zurückzukehren. Selbst nach mehreren im Meer verbrachten Jahren und aus mehreren Tausend Kilometern Entfernung finden die Schildkrötenmütter dorthin zurück.

Beschwerlicher Strandgang

In der Nacht hievt sich das Weibchen mühsam an den Strand, um eine zwei Meter breite und ein Meter tiefe Legegrube in den Sand zu graben. Auf ihrem Boden hebt es eine Brutkammer aus, in der es etwa hundert Eier ablegt. Nachdem es das Nest sorgsam zugegraben hat, kehrt es, noch vor Sonnenaufgang, ins Meer zurück. Pro Brutsaison finden mehrere Eiablagen statt, allerdings nur alle zwei bis drei Jahre.

Wärmende Sonne

Das Ausbrüten der Eier übernimmt die Sonne. 50 Tage nach der Eiablage schlüpfen die Jungtiere – bedeckt von der einen Meter dicken schützenden Sandschicht. Die fünf Zentimeter langen und 25 Gramm schweren Schlüpflinge graben sich langsam ihren Weg nach oben und begeben sich sofort auf ihre gefährliche Wanderung zum Meer.

Geringe Überlebenschancen

Gleich nach ihrer Geburt lauern den kleinen Schildkröten zahlreiche gierige Fressfeinde auf: Vögel, Ratten, Krebse, Fische, Haie … So kommt es, dass von tausend Schildkrötenbabys nur etwa eines das Erwachsenenalter von 20 Jahren erreichen wird.

Neben natürlichen Feinden macht auch noch der Mensch den Meeresschildkröten das Leben schwer: Die vom Aussterben bedrohten Tiere verenden in Fischernetzen oder ersticken an verschluckten Plastiktüten, werden wegen ihres Fleisches gejagt und durch das Zubetonieren der Küsten am Brüten gehindert.

DER MEERESLEGUAN

Mit seinem stachelbesetzten Kamm und seiner dunklen Schuppenhaut scheint der Meeresleguan der Galápagosinseln direkt aus der Urzeit zu kommen. Die geheimnisvolle Echse ist jedoch absolut friedfertig und begnügt sich als Vegetarier damit, Algen abzuweiden und sich zu sonnen.

Größe:
75 cm–1,30 m
Gewicht:
1–3 kg
Lebenserwartung:
unbekannt

Ein Sonnenanbeter
Wie alle Reptilien ist der Meeresleguan ein Wechselblüter. Morgens wärmt er sich auf einem Felsen in der Sonne auf. Sobald seine Körpertemperatur 35,5 Grad Celsius erreicht hat, wird er aktiv.

Vegetarische Kost
Der Meeresleguan ist zwar nicht die einzige Echse, die schwimmen kann, aber die einzige, die zur Nahrungssuche in die Tiefe abtaucht. Der Meeresleguan ernährt sich ausschließlich von kleinen Algen, die wie ein Teppich die Meeresböden bedecken.

Satt, aber brrr!!
Die Galápagosinseln liegen zwar nahe am Äquator, aber die sie umgebenden Gewässer sind ganz erbärmlich kalt. Eine tiefe Meeresströmung bewirkt, dass die Temperatur des Oberflächenwassers hier nicht über 14 Grad Celsius steigt. Nach einem längeren Tauchgang mit ausgiebiger Mahlzeit sind die Leguane daher meist völlig unterkühlt – mit vollem Magen begeben sie sich daher sofort wieder zum Sonnenbaden.

Herr Leguan taucht

Um beim Tauchen den Sauerstoffverbrauch zu reduzieren, verlangsamt der Leguan seinen Herzschlag und hält ihn manchmal sogar an. Die Jungtiere und Weibchen halten sich meist in der Nähe oberflächennaher Felsen auf. Wieder an Land stößt der Leguan durch Niesen das Salz aus, das sich in den mit den Nasenlöchern verbundenen Drüsen unter seinen Augen angesammelt hat.

Eine wachsame Mutter

Das Leguanweibchen brütet nur alle zwei Jahre. Während der warmen Jahreszeit (von Dezember bis April) gräbt es Nester von 50 bis 80 Zentimeter Tiefe in den schwarzen Sand. Darin legt es je drei bis fünf Eier in der Größe eines kleinen Hühnereis ab. Nun bewacht es die Legegruben, damit sie nicht von anderen Weibchen oder Eierdieben geplündert werden.

Nur männliche Leguane wagen sich sogar ins offene Meer hinaus und tauchen bis in tiefe Wasserschichten ab. Sie sind hervorragende Schwimmer, die problemlos bis zu 20 Meter tief tauchen können. Da die Tiere gezielt ihren Herzschlag verlangsamen können, schaffen sie es, sieben bis zwölf Minuten unter Wasser zu bleiben, ohne zu atmen.

AUSGESTORBENE UND BEDROHTE TIERARTEN

Lange Zeit glaubte man, die Reichtümer des Meeres seien unerschöpflich. Durch den Einfluss des Menschen sind die Ozeane mittlerweile aber stark bedroht: Überfischung, Ölpest, alle Arten von Meeresverschmutzung und Klimaerwärmung bleiben nicht ohne Folgen … Die Meerestiere sind die Ersten, die unter der Zerstörung ihrer Umwelt zu leiden haben. Manche Arten sind bereits ausgestorben. Wird es uns gelingen, diese Entwicklung zu stoppen, bevor es zu spät ist? Das Beispiel einiger vor dem Aussterben bewahrter Arten zeigt, dass man hoffen darf. Sehen wir uns einige dieser ausgestorbenen, bedrohten oder geretteten Tiere an!

1768 AUSGESTORBEN

Von Francis Poirier für UNSERE OZEANE angefertigte Plastik

1852 AUSGESTORBEN

Präpariertes Tier, für die Dreharbeiten zu UNSERE OZEANE als Legabe zur Verfügung gestellt vom Naturhistorischen Museum Paris

DIE STELLER'SCHE SEEKUH

Nur 27 Jahre, nachdem der deutsche Forscher Georg Wilhelm Steller die Tierart 1741 im Beringmeer beschrieben hatte, fiel das letzte Exemplar der Riesenseekuh Jägern zum Opfer. Die Riesenseekuh – eine Cousine des Dugongs, blieb nahezu unerforscht. Weltweit sind nur wenige unvollständige Skelette erhalten.

Größe: 8 m
Geschätzte Lebenserwartung: 50–80 Jahre

DER RIESENALK

Da er mit seinen kleinen Flügeln flugunfähig war, konnte er als einziger Alkenvogel mit dem Pinguin verwechselt werden. Er lebte in Kolonien auf den nordatlantischen Felsküsten sowie in Schottland und Kanada. An Land bewegte er sich nur schwerfällig fort und war eine leichte Beute für Eiersammler und Jäger. Das letzte Riesenalkpaar wurde 1852 in Island erlegt.

Größe: 60–70 cm
Geschätzte Lebenserwartung: unbekannt

DIE KARIBISCHE MÖNCHSROBBE

Robben leben sowohl in gemäßigten als auch kalten Gewässern. In warmen Meeren gibt oder gab es lediglich drei Arten: die Mönchsrobben des Mittelmeers, Hawaiis und der Karibik. Leider ist die karibische Art 1950 ausgestorben, da die Tiere auf ihren Stränden gestört und von Jägern und Fischern ausgerottet wurden. Auch die beiden anderen Arten sind stark gefährdet.

Größe: 2,40 m
Geschätzte Lebenserwartung: 30 Jahre

1950 AUSGESTORBEN

Von Clément Wintz für UNSERE OZEANE angefertigte Plastik

Von Mimsy Farmer für UNSERE OZEANE angefertigte Plastik

2007 AUS-GESTORBEN

DER CHINESISCHE FLUSSDELFIN

Dieser Süßwasserdelfin lebte im Jangtsekiang, dem größten Strom Chinas. Er sollte für *Unsere Ozeane* gefilmt werden, starb aber 2007 aus. Staudämme zur Energiegewinnung, Hochwasserschutzdämme, starke Wasserverschmutzung und zu intensive Befischung wurden dieser sensiblen Tierart zum Verhängnis. Der Flussdelfin wurde in China zwar lange als Gottheit verehrt, aber nicht geschützt.

Größe: 2,50 m
Geschätzte Lebenserwartung: 25 Jahre

Digital entwickeltes 3D-Bild von L'EST/MIKROS für UNSERE OZEANE

VOM AUSSTERBEN BEDROHT

Größe: 18 m
Geschätzte Lebensdauer: 70 Jahre

DER BISKAYAWAL

Für Walfänger war dieses arglose Tier lange Zeit eine leichte und üppige Beute. Nach der Harpunierung schwamm das fettreiche tote Tier an der Oberfläche und ließ sich dadurch problemlos zerteilen. Diese nordatlantische Walart wurde schon seit vorgeschichtlicher Zeit bejagt und in europäischen Gewässern bereits vor Jahrhunderten ausgerottet. Nur vor Labrador und Neufundland leben heute noch einige Exemplare dieser bedrohten Tierart.

GERETTET

DER SEEOTTER

Früher lebte der Seeotter an sämtlichen Küsten des Nordpazifiks. Von allen Säugetieren hat er das dichteste Fell. Es schützt ihn gegen die Kälte der Gewässer, in denen er heimisch ist, wäre ihm aber fast zum Verhängnis geworden. Da der begehrte Pelz des Seeotters hohe Preise erzielte, wurde die Tierart im 17. und 18. Jahrhundert so intensiv bejagt, dass man sie heute nur noch an den Küsten Alaskas vorfindet. Zum Glück hat auch eine kleine Population von Tieren am mittleren Teil der zerklüfteten Küste Kaliforniens überlebt. Aufgrund wirksamer Schutzmaßnahmen konnten die Otter auch wieder in anderen Abschnitten der kalifornischen Küste heimisch werden.

Größe: 1,30 m
Geschätzte Lebenserwartung: 15 Jahre

Begegnung mit den
Herren der Meere

Und jetzt? … Von den Helden des Films *Unsere Ozeane* – von den Meeresleguanen, Riesensepien und Seespinnen – wissen wir kaum mehr, als in diesem Buch über sie zu lesen ist. Und von vielen Meerestierarten wissen wir kaum mehr als ihren Namen. Ehrlich gesagt wissen wir über das Meer noch herzlich wenig – und in seinen unerforschten Tiefen gibt es noch unglaublich viel zu entdecken!

Am Besten klappt ihr dieses Buch jetzt wieder zu und geht selbst auf Entdeckungsreise. Macht eure Augen und Ohren ganz weit auf und schärft eure Sinne! Erkundet selbst die geheimnisvolle Welt des Meeres. Lernt ihre wundervollen Bewohner vor Ort kennen. Denn kein Film, kein Buch, kein Bild und kein Text kann die unmittelbare Begegnung mit Tieren in ihrem natürlichen Lebensraum ersetzen.

Geht auf die Suche nach neuen unbekannten Arten und entdeckt diejenigen Tierarten neu, die wir schon zu kennen glauben. Nähert euch den Herren der Meere mit Neugier und Respekt – sie werden euch stets erstaunen, so wie sie auch uns immer wieder erstaunt haben. Das Meer und seine Bewohner stecken voller Überraschungen, und die Welt unter Wasser ist von grenzenlosem Reichtum. Nirgendwo ist das Leben so formenreich und so farbenprächtig wie im Meer. Ihr werdet euren Augen kaum trauen – ihr werdet staunen über die vielfältigen Beziehungen, die die Meerestiere untereinander und mit ihrer Umwelt verbinden.